W0096761

DAISY GRÄFIN VON ARNIM

ICH SCHENKE
EUCH EIN
NEUES Herz

francke

Bibliografische Information Der Deutschen Bibliothek
Die Deutsche Bibliothek verzeichnet diese Publikation in der Deutschen
Nationalbibliografie; detaillierte bibliografische Daten sind im Internet über
http://dnb.ddb.de abrufbar.

ISBN 978-3-86827-608-4
Alle Rechte vorbehalten
© 2016 by Verlag der Francke-Buchhandlung GmbH
35037 Marburg an der Lahn
Umschlagbild: shutterstock.com (Kucher Serhii)
Fotos Innenteil: pixabay, Cornelia Gerhardt (S. 16, 18, 21, 33, 40),
Julius Gerhardt (S. 43), Adelheid Christopeit (S. 57)
Umschlaggestaltung: Verlag der Francke-Buchhandlung GmbH / SG
Satz: Verlag der Francke-Buchhandlung GmbH
Printed in Poland

www.francke-buch.de

INHALT

KAPITEL EINS

DAS *Herz*

Das Herz ist das wichtigste Organ des Blutkreislaufs. Es ist ein faustförmiger Hohlmuskel, der sich in der Minute ungefähr 70-mal zusammenzieht und ca. 10.000 Liter Blut am Tag durch unseren Körper pumpt. Damit ist es für unser Überleben von höchster Bedeutung. Wenn das Herz nicht mehr richtig funktioniert, hat das Auswirkungen auf unseren gesamten Körper. Im schlimmsten Fall bleibt nur die Hoffnung auf eine Transplantation. Doch auch diese ist nicht ohne Risiko. Es besteht die Gefahr der Abstoßung. Deshalb bemühen sich Forscher seit Jahren darum, im Labor ein künstliches Herz aus Stammzellen zu züchten – bislang leider mit wenig Erfolg. Doch dem Herzen wird noch sehr viel mehr Bedeutung beigemessen als die, unseren Körper am Leben zu erhalten. Das Herz steht für Liebe, für die Seele und für Güte. Es gibt ein eindeutiges Symbol dafür, das wir alle kennen und als Ausdruck für Liebe nutzen. Umgangssprachlich nennt man das Herz nicht nur „Pumpe", sondern es wird manchmal auch liebevoll verniedlichend als „Herzchen" oder „Herzilein" bezeichnet. Dem Herzen gegenüber stehen der Kopf und der Bauch, mit denen man zum Beispiel Entscheidungen teilweise ganz anders treffen würde als mit dem Herzen.

Man spricht von Bruderherz, Mutterherz, Schwesterherz oder Vaterherz. Außerdem gibt es viele Redewendungen, in denen das Wort Herz vorkommt. Versteht man sich mit jemandem besonders gut, dann sagt man, man sei „ein Herz und eine Seele". Menschen mit einem guten Charakter haben „das Herz auf dem rechten Fleck". Etwas kann „auf Herz und Nieren geprüft" werden. Man kann „ein Herz für jemanden haben". Und und und.

DAS HERZ IST SOWOHL FÜR UNSER KÖRPERLICHES ALS AUCH UNSER EMOTIONALES WOHLBEFINDEN VON ZENTRALER BEDEUTUNG.

Darüber hinaus ist es das auch in geistlicher Hinsicht. In der Bibel wird uns zugesagt, dass wir Gott finden werden, wenn wir „ihn von ganzem Herzen und von ganzer Seele suchen" (5. Mose 4,29). Und in Hesekiel 36,26 wird uns gar ein neues Herz in Aussicht gestellt.

Auch in der Lutherrose, dem Briefsiegel Martin Luthers, des großen Reformators, nimmt das Herz eine wichtige Stellung ein. Und das nicht ohne Grund. Über dieses Siegel schrieb Luther in

einem Brief vom 8. Juli 1530, es sei *„ein Merkzeichen meiner Theologie. Das erst sollt ein Kreuz sein – schwarz – im Herzen, das seine natürliche Farbe hätte, damit ich mir selbst Erinnerung gäbe, daß der Glaube an den Gekreuzigten uns selig machet. Denn so man von Herzen glaubt, wird man gerecht. Ob's nun wohl ein schwarz Kreuz ist, mortifiziert und soll auch wehe tun, dennoch läßt es das Herz in seiner Farbe, verderbt die Natur nicht, das ist, es tötet nicht, sondern erhält lebendig ... Solch Herz aber soll mitten in einer weißen Rosen stehen, anzuzeigen, daß der Glaube Freude, Trost und Friede gibt, darum soll die Rose weiß und nicht rot sein; denn weiße Farbe ist der Geister und aller Engel Farbe. Solche Rose stehet im himmelfarben Felde, daß solche Freude im Geist und Glauben ein Anfang ist der himmlische Freude zukünftig, jetzt wohl schon drinnen begriffen und durch Hoffnung gefasset, aber noch nicht offenbar. Und in solch Feld einen goldenen Ring, daß solch Seligkeit im Himmel ewig währet und kein Ende hat und auch köstlich über alle Freude und Güter, wie das Gold das höchste, köstlichste Erz ist."*

Der Glaube an den Gekreuzigten, Jesus, hält das Herz also lebendig, davon war Martin Luther zutiefst überzeugt. Später wurde das Siegel um das Wort VIVIT erweitert, um zu verdeutlichen, dass der Tod nicht das letzte Wort hatte, sondern dass Jesus lebt.

ES GIBT DA MEHR

Ich weiß nicht, wie Sie persönlich zum Thema Glauben stehen, aber für mich steht fest: Es gibt mehr zwischen Himmel und Erde, als wir so denken, wenn wir unseren Alltag leben, morgens aufstehen, zur Arbeit gehen, Mittagessen kochen, Feierabend machen, Fernsehen gucken, schlafen gehen oder den Urlaub planen – tagein, tagaus. Viele werden mir beipflichten und bestätigen: Es gibt da mehr! Über das Thema Herz mache ich mir schon seit längerer Zeit Gedanken und es gibt sogar bereits einen großformatigen Bildband von mir zu diesem Thema. Er heißt „Von Herzen, Ihre Daisy von Arnim" und ist im Jahr 2012 erschienen. In dem Buch finden sich viele dekorative Fotos und auch Rezepte, Geschichten, Sprüche und Gedichte zum Thema Herz und natürlich auch einiges zum Thema Liebe. Es eignet sich gut als Geschenk zur Hochzeit oder zur Konfirmation oder auch für Menschen mit Herzkrankheiten. Dass ich mich derart für das Thema Herz interessiere, liegt nicht allein daran, dass sogar der Apfel ein Herz hat – obwohl das für mich als Apfelgräfin natürlich höchst faszinierend ist. Der eigentliche Anlass für mich, mich intensiver mit dem Thema Herz auseinanderzusetzen, war eine am eigenen Leibe erfahrene Herzoperation, die durch eine verschleppte Erkältung nötig wurde. Bisher hatte mein Herz immer einfach so geschlagen; plötzlich war ich gezwungen, mir Gedanken darüber zu machen. Viele Menschen merken ihr Herz gar nicht – bis zu dem Moment, in dem es mal sticht oder höherschlägt. Mir wurde aber durch meine persönliche Erfahrung bewusst, dass es da noch sehr viel mehr gibt …

KAPITEL ZWEI

DIE Hintergründe

In der Bibel gibt es ein Buch namens Hesekiel. Darin findet sich eine Stelle zum Thema Herz, die mich extrem fasziniert:

ICH SCHENKE EUCH EIN NEUES HERZ UND LEGE EINEN NEUEN GEIST IN EUCH. ICH NEHME DAS HERZ VON STEIN AUS EURER BRUST UND GEBE EUCH EIN HERZ VON FLEISCH. ICH LEGE MEINEN GEIST IN EUCH UND BEWIRKE, DASS IHR MEINEN GESETZEN FOLGT UND AUF MEINE GEBOTE ACHTET UND SIE ERFÜLLT.

HESEKIEL 36,26+27

Was für ein Geschenk! Was für eine Zusage! Natürlich ist es nicht Hesekiel, der uns hier ein neues Herz in Aussicht stellt, sondern Gott, der durch Hesekiel zu den Menschen spricht.

WER WAR DIESER HESEKIEL?

Hesekiel war ein Prophet. Die Propheten der Bibel sind Menschen, die dem Volk den Willen Gottes verkünden. Sie sind sozusagen Sprachrohre Gottes und wenden sich an ihre Mitmenschen, um sie mit dem Willen Gottes zu konfrontieren. Ihre Worte sind weise, zukunftsträchtig und richtungweisend für das Volk oder die Gruppe, für die sie bestimmt sind. Auch heute noch gibt es in unseren christlichen Gemeinden und Kirchen Menschen, denen Gott eine prophetische Gabe geschenkt hat. Menschen, die im Namen Gottes ermutigen, ermahnen, Richtung weisen. Auch mir selbst wurden schon einige Worte zugesagt, die sich später bestätigt haben. Unter anderem hat mir einmal jemand die Zusage gemacht: „Und du wirst auch Dinge aufheben." In jenem Moment konnte ich damit nicht viel anfangen. Jahre später fiel es mir dann wie Schuppen von den Augen: Es waren die Äpfel gemeint! Interessanterweise sind die meisten Menschen jedoch sehr viel eher bereit, an die Aussagen von Wahrsagern, an Horoskope oder Ähnliches zu glauben, als daran, dass Gott seinen Männern und Frauen prophetische Einsichten schenkt. Ursprünglich war Hesekiel von Beruf Priester und lebte im Reich Juda. Sein Name heißt übersetzt übrigens „Gott macht stark". Im Jahre 597 v. Chr. wurde er zusammen mit König Jojachin und anderen aus seinem Volk nach Babylonien verschleppt und an dem Fluss Kebar, einem Nebenarm des Euphrat, angesiedelt. Im babylonischen Exil wurde Hesekiel von Gott zum Propheten berufen. Er hielt strenge Gerichtspredigten und sagte den Untergang Jerusalems voraus. Das Volk hatte sich von Gott abgewandt. In Jerusalem wurde sehr viel Götzendienst getrieben und in Gottes Tempel wurden andere Götter angebetet. Hesekiel sprach darüber mit dem Volk und warnte es eindrücklich. Er bot aber auch eine Lösung, eine Möglichkeit zur Umkehr an. Die Menschen nahmen die Warnungen, die Hesekiel aussprach, jedoch nicht ernst.

Als Hesekiel von der Zerstörung des Jerusalemer Tempels 587 v. Chr. hörte, empfand er dies als eine Strafe Gottes für den Ungehorsam seines Volkes. Die Exilanten fühlten sich der alten Heimat zutiefst verbunden und waren verzweifelt. Hesekiel, bisher eher ein Prediger des Zornes Gottes, konnte nun im Auftrag Gottes neues Heil ansagen und entwickelte sich zu einem Seelsorger und Tröster des Volkes. Er verkündete Gottes gnädiges Eingreifen und sagte voraus, dass das Volk wiedervereinigt und der Tempel in Jerusalem wiedererrichtet werde. Gott werde sein Volk begnadigen, wenn es umkehre. Er werde es als Hirte führen und wieder sammeln, vor allem aber werde er ihm ein neues Herz und einen neuen Geist geben. Das Volk werde erfahren, dass Gott der Herr sei.

IN WELCHEM KONTEXT WIRD DIESE ZUSAGE GEMACHT?

Da ich gelernt habe, dass es nie gut ist, nur einen einzelnen Bibelvers zu betrachten, sondern wichtig, immer auch das Drumherum zu lesen, möchte ich Ihnen die Verse davor und danach nicht vorenthalten. In Hesekiel 36,22–28 heißt es:

„Darum sag zum Haus Israel: So spricht Gott, der Herr: Nicht euretwegen handle ich, Haus Israel, sondern um meines heiligen Namens willen, den ihr bei den Völkern entweiht habt, wohin ihr auch gekommen seid. Meinen großen, bei den Völkern entweihten Namen, den ihr mitten unter ihnen entweiht habt, werde ich wieder heiligen. Und die Völker – Spruch Gottes, des Herrn – werden erkennen, dass ich der Herr bin, wenn ich mich an euch vor ihren Augen als heilig erweise. Ich hole euch heraus aus den Völkern, ich sammle euch aus allen Ländern und bringe euch in euer Land. Ich gieße reines Wasser über euch aus, dann werdet ihr

rein. Ich reinige euch von aller Unreinheit und von allen euren Götzen. Ich schenke euch ein neues Herz und lege einen neuen Geist in euch. Ich nehme das Herz von Stein aus eurer Brust und gebe euch ein Herz von Fleisch. Ich lege meinen Geist in euch und bewirke, dass ihr meinen Gesetzen folgt und auf meine Gebote achtet und sie erfüllt. Dann werdet ihr in dem Land wohnen, das ich euren Vätern gab. Ihr werdet mein Volk sein und ich werde euer Gott sein."

DIE BOTSCHAFT, DIE HESEKIEL DA VERKÜNDET, IST ALSO FÜR DAS VOLK ISRAEL BESTIMMT, ABER WIR DÜRFEN UND SOLLEN SIE AUCH AUF UNS ANWENDEN. PARALLELSTELLEN IM NEUEN TESTAMENT MACHEN DAS DEUTLICH.

DAS EINZIGARTIGE GESCHENK, DAS GOTT HIER ANBIETET – DASS ER UNS EIN WEICHES, FÜR IHN EMPFÄNGLICHES HERZ GEBEN UND UNS DURCH SEINEN GEIST ZUM GUTEN VERÄNDERN MÖCHTE – GALT NICHT NUR DEN MENSCHEN DAMALS, SONDERN GILT AUCH UNS HEUTE.

KAPITEL DREI

DAS Geschenk

WAS BEDEUTET ES FÜR UNS, WENN WIR ETWAS GESCHENKT BEKOMMEN?

Haben Sie auch eine Geschenkekiste oder -schublade bei sich zu Hause? In meiner sind lauter Dinge, die ich einmal geschenkt bekommen habe und die ich nicht für mich gebrauchen konnte – deshalb habe ich sie in die Geschenkekiste getan, um sie irgendwann einmal etwas herzlos weiterzuschenken. Aber eigentlich kommen diese Geschenke meistens auch nicht besonders gut an, es sei denn, es handelt sich um neutrale, eher dekorative Geschenke wie Servietten oder Kerzen oder um Schokolade oder Ähnliches. Solche allgemeinen Geschenke finden sich schnell, aber Geschenke, um die ich mir richtig Gedanken mache, die kosten mich Zeit und Mühe und oft auch Geld.

EIN UNVERGESSLICHES GESCHENK

Meine Mutter hat mir als kleines Mädchen ein großartiges Geschenk gemacht, das ich nie vergessen werde – zumal ich weiß, dass es sie viel gekostet haben muss. Allein das Herausfinden, wo es so etwas zu kaufen gab, damals ohne Internet, muss unglaublich viel Zeit in Anspruch genommen haben.

Meine Mutter war zeit ihres Lebens traurig, dass ihre Eltern ihr in ihrer Kindheit das Klavierspielen nicht hatten ermöglichen können und dass

sie entgegen ihren Wünschen keine bessere Schulbildung erhalten hatte. Sie wäre so gerne in ein Lyzeum gegangen, ein Gymnasium für Mädchen. So etwas war damals jedoch sehr selten möglich, gerade für Mädchen. Umso wichtiger war es meiner Mutter später, uns zu fördern. Sie wollte ihren Kindern die Gaben entlocken, die in ihnen steckten, und hat uns ihren Möglichkeiten entsprechend immer wieder Angebote gemacht – in Form von Musikinstrumenten, Sportmöglichkeiten, Nachhilfeunterricht und Auslandsaufenthalten.

Sie hat mir viele Geschenke gemacht. Eines der schönsten war, dass sie mit mir unvermittelt in einen Buchladen ging und ich mir bis zu einem bestimmten Betrag Bücher aussuchen durfte. Ich habe sie teilweise nach der Dicke ausgewählt und kam sehr zum Entsetzen meines Vaters mit „Vom Winde verweht" nach Hause. Das fand mein Vater zu erwachsen für mich und auch nicht angemessen, befand ich mich doch gerade erst im Übergang von Hanni und Nanni

und Pferdegeschichten zu weiteren Lektüren. Ich habe den Roman aber verschlungen – wie viele weitere derartige Bücher, bis es dann irgendwann gut war.

DIESES GESCHENK HAT EINEN HUNGER NACH MEHR IN MIR AUSGELÖST.

Mich ergriff die Freude am Lesen und später am Schreiben. Ab diesem Zeitpunkt durchforstete ich immer wieder die Bücherregale meiner Eltern. Das Lesen eines Buches, dieses Kino im Kopf, ist einer der schönsten Zustände für mich und die letzte Seite immer das Schlimmste ... bis ich das nächste Buch finde.

Zu einem Geburtstag erhielt ich, obwohl es nicht auf meinem Wunschzettel stand, jenes unvergessliche Geschenk, von dem bereits die Rede war. Es war ein außerordentlich großzügiges Geschenk: ein Stufenbarren, den man auch zu einem normalen Barren umfunktionieren konnte. Da stand er nun, einsam und manchmal nass geregnet im Garten, allein ohne umgebende Sportgruppe und Turnhalle und Matte darunter. Mitten auf dem Rasen neben unserem Gemüsegarten. Ich musste nicht wie in der Sporthalle der Schule in der Schlange stehen und warten, bis ich endlich dran war, um die meiner Meinung nach filmreifen Kunststücke an dem wundervollen Sportgerät zu meistern. Nun hatte ich dieses wertvolle Turngerät ganz für mich allein. Ich war eine begeisterte Barrenturnerin und Nachmittage lang in Gedanken versunken alleine mit mir und diesem Geschenk beschäftigt. Ich war im Turnglück. Dass ich gleichzeitig trainierte, merkte ich im Spiel gar nicht, das war mir auch nicht wichtig. Das Bewusstsein dafür kam erst später, als ich im Turnunterricht zum Erstaunen meiner Lehrer und Schulkameraden die gewagtesten Sprünge und Verdrehungen machen konnte. Ich hatte das Geschenk angenommen und es bis zum Anschlag genutzt und infolgedessen war aus mir eine gute Turnerin geworden. Heute sind es eher Trampoline, die Kinder

faszinieren. Für mich damals war dieses Geschenk des Stufenbarrens jedoch etwas ganz Besonderes. Meine Eltern hatten sich wohl lange Gedanken gemacht, mit welchem Gerät sie meine damaligen Talente und Stärken am besten fördern konnten.

Bei all den Übungen am Stufenbarren damals habe ich von Zeit zu Zeit auch Schmerzen gehabt – etwa wenn ich heruntergefallen bin oder einen Sprung nicht ganz geschafft habe und auf dem Holm gelandet bin. Heute würde ich mir dabei wahrscheinlich alle Knochen brechen, aber mit 11, 12, 13 Jahren ist man ziemlich leidensfähig, steht auf und macht sofort weiter.

ICH HATTE DAS GESCHENK ANGENOMMEN UND ES BIS ZUM ANSCHLAG GENUTZT.

KAPITEL VIER

Annehmen

ODER ABLEHNEN?

ICH SCHENKE EUCH EIN NEUES HERZ UND LEGE EINEN NEUEN GEIST IN EUCH.

So heißt es in Hesekiel 36,26 nach der Einheitsübersetzung. Martin Luther übersetzte: „Ich will euch ein neues Herz und einen neuen Geist in euch geben." Die große Frage ist: Will ich das auch? Möchte ich dieses Geschenk annehmen? Da will mir jemand gleich zwei Dinge geben, ein Herz und einen Geist – beides neu! – etwas, wonach ich gar nicht gefragt habe, geschweige denn gewusst habe, dass ich es brauche.

Mit dem Geben ist das so eine Sache: Es reicht nicht, wenn jemand etwas geben will. Der andere muss es auch annehmen wollen. Es gibt Menschen, die anderen nur zu gerne helfen, ihnen umsonst etwas geben wollen. Und doch können sie nichts tun. Ihnen sind die Hände gebunden, weil ihr Geschenk abgelehnt wird.
So ging es mir einmal, als ich mich in einem Krankenhaus in den Be-suchsdienst einteilen lassen wollte. Man wollte mich dort nicht, da schon genügend Menschen zur Verfügung standen. Wohin dann mit dem Helfen-wollen?
Wesentlich dramatischer ist die Situation natürlich, wenn derjenige, dem man helfen will, diese Hilfe selbst völlig ablehnt. Oft entstehen dann Enttäuschung, Leere und auch Wut. Man möchte so gerne helfen, weil man einen Ausweg aus der Not des anderen sieht. Man empfindet Liebe und Zuneigung für diesen Menschen und möchte, dass es ihm so gut wie nur irgend möglich geht. Man freut sich, wenn man dem anderen helfen kann und es ihm besser geht, und ist traurig und hilflos, wenn dieser andere die Hilfe nicht annehmen kann oder will. So geht es insbesondere Eltern, deren Kinder aus dem Ruder laufen. Ein Glück, wenn man dann wenigstens beten kann.

WIE REAGIERT GOTT AUF UNSERE ABLEHNUNG?

Wie Gott auf unsere Absage reagiert, kann man nur erahnen. Ich denke, Gott liebt uns weiter, aber irgendwie kann er nicht so richtig etwas für uns tun. Es ist wie mit einem Ehepaar, das nicht mehr miteinander redet. Je besser aber die Kommunikation ist, desto mehr kann der andere für den Partner tun.

WAS MÜSSEN WIR FÜR DIESES GESCHENK TUN?

Aber zu welchem Preis will Gott uns dieses neue Herz schenken, fragen Sie sich jetzt vielleicht. Zu gar keinem. Sein Geschenk ist kostenlos. Ohne dass wir vorher etwas dafür getan haben müssen, gibt er es uns, weil er sieht, dass sich etwas ändern muss. Wir müssen nichts dafür tun, wir müssen es nur annehmen und nutzen wollen und erkennen, wie gut es für unser Leben wäre, wenn wir dieses Geschenk annehmen würden. Gott will uns ein Gespräch mit ihm anbieten, von Herz zu Herz sozusagen. Er bietet uns die Gewissheit an, total geliebt und angenommen zu sein, wie Eltern das im Idealfall mit ihren Kindern machen. Es gibt Kinder, die das Angebot annehmen, und es gibt auch Kinder, die, besonders wenn sie älter werden, das Angebot ausschlagen. Wir müssen dieses Geschenk nur wollen und uns danach ausstrecken, dann gehört es uns. Von Henoch, einem Mann Gottes aus dem Alten Testament, heißt es, „er wandelte mit Gott". Das will ich auch.

WIE KÖNNEN WIR DIESES GESCHENK NUTZEN?

Ein Geschenk anzunehmen, ist die eine Seite der Medaille, aber es zu nutzen, ist die andere. Ich wäre sicherlich nie eine bessere Turnerin geworden, hätte ich den Barren nicht genutzt. Ein anderes Beispiel: Ich will meinem Patensohn ein Fahrrad schenken. Nun hoffe ich, dass er dieses Geschenk

richtig nutzt und es nicht in der Ecke steht oder er es kaputt fährt. Es hat mich viel Mühe, Geld und Ideen gekostet, wie ich dieses Fahrrad besorge, finanziere, wie ich herausfinde, ob er es wirklich will oder lieber ein anderes gehabt hätte, und ob es altersgemäß ist. Nun liegt es an ihm, es richtig zu nutzen. Ich würde mich freuen, wenn sich sein Leben dadurch grundlegend verändert, immerhin kann er nun zu seinen Freunden fahren, statt zu laufen, sein Radius erweitert sich dadurch, er wird sportlicher.

GOTTES GESCHENK SETZT LEDIGLICH DIESE EINE ENTSCHEIDUNG VORAUS: SEINE LIEBE ANNEHMEN UND IHN IN ALLES EINBINDEN ZU WOLLEN.

Nehme ich das Geschenk der Gegenwart Gottes in meinem Leben an, bin ich nie mehr allein. Nichts brauche ich aus meiner eigenen Kraft zu machen. Immer habe ich einen Helfer an meiner Seite und meine Prioritäten verschieben sich vom „Ich, mich, meiner, mir" hin zu Gott. „Wie denkst du darüber?", „Steh mir hier bei!", „Schenk mir Weisheit", „Halte deine schützende Hand über mich!", frage oder bitte ich ihn dann zum Beispiel im Laufe des Tages immer wieder, egal ob während einer langen Autofahrt, während eines Streits oder vor einem großen Vorhaben.

EIN GESCHENK MIT AUSWIRKUNGEN

In Görlitz gab es über viele Jahre einen anonymen Spender, der viel Geld für diese Stadt gespendet hat, die ihm anscheinend sehr am Herzen lag. Nach der Wende ist mit diesem Geld in dieser wunderschönen Stadt unendlich viel Gutes entstanden und einige Menschen haben es dem Spender nachgetan.
Meine Freundin Elisabeth Eberle hat mir einen Turbogemüseschäler geschenkt, den ich täglich nutze und

der mir das Gemüseschälen um vieles erleichtert. Es handelt sich dabei um so ein typisch praktisches Geschenk, wie es nur einem Schwaben einzufallen scheint – und ich denke dadurch täglich an sie. Kleines Geschenk, große Wirkung!

Meine Freundin Adelheid Christopeit hat mir ein Glas mit selbst gemörsertem Rosmarin von ihrem Küchenfensterbrett geschenkt, umwickelt mit einer großen pinkfarbenen Schleife. Dieses Gewürz benutze ich viel. Liebevoll ist auf dem Etikett in ihrer Handschrift der Inhalt deklariert. Ein kleines, überaus liebevolles Geschenk, da auch sie weiß, dass ich gerne koche. Nie hätte sie mir eine Autozeitung geschenkt – das wäre eher etwas für meinen Mann.

Als das Verhältnis zwischen der deutschen Bundesregierung und der US-Regierung ziemlich angespannt war, da Deutschland sich nicht am Irakkrieg hatte beteiligen wollen, schenkte der damalige Bundeskanzler Gerhard Schröder dem amerikanischen Präsidenten George W. Bush

eine Motorsäge aus deutscher Produktion. Er wusste, dass Bush in seiner Freizeit gerne Bäume auf seiner Ranch in Texas zerlegte. Sein Gastgeber soll sehr erfreut gewesen sein und die Stimmung zwischen ihnen sich gebessert haben.

SCHENKEN STÄRKT DIE BEZIEHUNGEN UND STIFTET FRIEDEN.

Geschenke sind immer auch Ausdruck der Persönlichkeit des Schenkenden und drücken viel aus, bis hin zur

Verpackung. Je weniger man einen Menschen kennt, desto weniger weiß man, was man schenken soll, und desto unpersönlicher und allgemeiner fällt das Geschenk aus. Oft läuft es dann auf eine Flasche Wein oder eine Schachtel Pralinen hinaus.

Und nun hat sich Gott etwas Einzigartiges ausgedacht, was er uns schenken möchte. Er, der uns geschaffen hat, er, der uns bis in die kleinste Zelle kennt, hat sich das Ultraspezifischste ausgedacht, was man sich nur vorstellen kann: Unser HERZ! Und unseren GEIST! Warum nicht den Bauch, unsere geschickten Hände oder das schlaue Gehirn? Das Gehirn wäre doch viel besser, wo alles auch analytisch durchdacht werden kann. Er könnte es einfach umschalten und fertig, aber nein, es soll ein komplett neues Herz sein. Gott ist unser Herz wichtiger als unser Verstand. Gott will uns kein Geld schenken, er will uns kein Fest schenken oder ein Haus oder sonst irgendetwas Materielles. Er will uns etwas total Persönliches schenken, etwas von sich selbst, von seiner eigenen Person. Er will unser Herz, das er selbst gemacht hat, erneuern. Er will es komplett austauschen. ICH WILL EUCH EIN NEUES HERZ SCHENKEN UND EINEN NEUEN GEIST IN EUCH LEGEN, sagt er. Er möchte dadurch mit uns in Beziehung treten, eine Verbindung zwischen uns herstellen.

Die alles entscheidende Frage ist: Wollen wir dieses Geschenk annehmen und all das Gute, das damit verbunden ist?

GOTT IST UNSER HERZ WICHTIGER ALS UNSER VERSTAND. ♡

KAPITEL FÜNF

Warum

EIN NEUES HERZ?

Warum nun braucht es ein neues Herz? Ein fleischernes Herz? Ist das, das man hat, denn nicht aus Fleisch? Sicherlich ist das bildlich formuliert. Immer wieder höre ich in Gesprächen Sätze wie: „Ich bin doch ein guter Mensch. Warum muss da was geändert werden? Lass mich in Ruhe! Ich bin fleißig, ordentlich, ehrlich, spende regelmäßig und habe noch nie etwas Schlimmes gemacht." Doch wenn ich mich oder meine Gesprächspartner mit den Zehn Geboten konfrontiere, geraten ich und eigentlich jeder ziemlich schnell ins Stolpern. Denn wer diese Gebote betrachtet und sich selbst gegenüber ehrlich ist, muss kleinmütig eingestehen, dass er Hilfe braucht. Vergebung.

Das Spannende ist, dass diese paar Gebote doch eigentlich jeder irgendwie halten will – egal ob Christ oder nicht. Immerhin basiert auch die Werteordnung unserer westlichen Gesellschaft auf diesen Geboten. Dennoch stellen wir bei einer ehrlichen Bestandsaufnahme fest:

WIR SCHAFFEN ES NICHT. NICHT AUS EIGENER KRAFT.

Die Bibel sagt, durch unsere bösen Taten – und da ist keiner von uns ausgenommen – sind wir nicht mehr Freunde Gottes. Mancher denkt, dass Gott in seiner Güte und Gnade schon über unsere Verfehlungen hinwegsehen wird, aber sie trennen uns einfach von ihm. Jesus hat diese Kluft für uns überwunden.
Stellen Sie sich vor, Sie haben eine riesige Summe Schulden angehäuft und stehen deshalb vor Gericht. Sie wissen genau: Ich werde es nie schaffen, diese Schulden zu begleichen und ich bin auch nicht in der Lage, die Strafe zu zahlen. Aber da sitzt im Gerichtssaal ein Fremder und nimmt all Ihre Schulden auf sich.

So ist das mit Jesus. Er hat all Ihre Schuld auf sich genommen, ist für Sie gestorben und hat Ihnen dadurch den Weg zu Gott frei gemacht.

In Apostelgeschichte 3,19 werden wir aufgefordert: „So tut nun Buße und bekehrt euch, dass eure Sünden getilgt werden." Wenn wir einsehen, dass wir es aus eigener Kraft nicht schaffen, fehlerlos zu leben, wenn wir Gott unsere Schuld bekennen und uns ihm zuwenden, ist uns seine Vergebung und Hilfe sicher. Unsere bösen Taten werden uns nicht länger angelastet und wir können ganz von vorne anfangen: Mit einem neuen Herzen und einem neuen Geist.

Ein Herz durch ein anderes zu ersetzen, ist gar nicht so ohne. Am 3. Dezember 1967 gelang dem südafrikanischen Herzchirurgen Christiaan Barnard die weltweit erste Herztransplantation. In einer fünfstündigen Operation schaffte er es unter Beteiligung von 31 Ärzten und OP-Helfern, Louis Washkansky das Herz einer tödlich verunglückten Frau einzupflanzen. Diese Nachricht war damals eine Sensation und sorgte in der ganzen Welt für Aufsehen. Die ethische Diskussion über das Thema war groß. Der Patient starb nach 18 Tagen an einer Lungenentzündung. Heute verpflanzt man allein in Deutschland fast 400 Herzen jährlich.

Unser Herz ist das Zentrum unseres Körpers, ohne Herz geht gar nichts. Man kann Gliedmaßen verlieren und trotzdem leben, aber ohne Herz ist alles aus. Unser Herz ist nicht nur eine Pumpe, sondern eher wie ein weiteres Gehirn. Es hat ein eigenes, unabhängiges Nervensystem, auch das Gehirn des Herzens genannt, mit 40.000 Nervenzellen. Dieses Gehirn im Herzen kommuniziert auf unterschiedlichen Wegen mit unserem Gehirn im Kopf und dem restlichen Körper und tauscht dabei Signale aus, die unter anderem Einfluss auf unsere Gehirnfunktionen und damit auf unser Denken und unser Fühlen nehmen. Umgekehrt nehmen unsere Gedanken und Emotionen aber auch Einfluss auf unser Herz. Diese unsere „Pumpe", wie viele sie bezeichnen, sollte daher gut gepflegt werden. Menschen, die eine Herztransplantation hinter sich haben, müssen lebenslang Medikamente einnehmen, damit ihr Körper das fremde Herz nicht abstößt, und bei Infektionen müssen sie doppelt vorsichtig sein. Viele berichten, dass sie auf einmal anders fühlen als früher. Männer, die ein Frauenherz transplantiert bekommen haben, berichten interessanterweise häufig, dass sie mehr fühlen als vorher.

Der Zusammenhang zwischen unserem Herzen und unserem Gehirn, dem, was wir empfinden und fühlen, denken und entscheiden, ist überaus faszinierend.

WORÜBER AUCH IMMER WIR BESCHLIESSEN NACHZUDENKEN, WIRD DARÜBER ENTSCHEIDEN, OB WIR FREUDE ODER GLÜCK EMPFINDEN ODER DAS GENAUE GEGENTEIL.

Bei der Obduktion von Kriegsgefangenen hat man festgestellt, dass ihr Herzmuskel ganz zusammengeschrumpft war, sie also deutlich kleinere Herzen hatten. Es wird angenommen, dass die Ursache dafür nicht nur die mangelnde Versorgung, sondern auch all der Kummer der Kriegsgefangenen war.

In der Bibel heißt es: „Hingezogene Hoffnung macht das Herz krank, aber ein eingetroffener Wunsch ist ein Baum des Lebens" (Sprüche 13,12). Nun lesen wir in unserem wunderbaren, so positiven Vers, dass Gott uns ein neues Herz und einen neuen Geist geben will. Und? Wollen wir? DAS ist die alles entscheidende Frage!!! Wahrscheinlich fällt es Gott gar nicht so leicht, diese Entscheidung uns zu überlassen. Ich könnte mir vorstellen, dass er sich manchmal wünschte, dass wir in diesem Punkt nicht selbst entscheiden dürften, sondern die Verbindung mit ihm quasi vorgesetzt bekämen. So nach dem Motto: „Lass dich operieren! Wir zwingen dich zu dieser Operation! Wir reißen dir das alte Herz heraus und pflanzen dir ein neues ein. Du hast da nichts zu melden und musst dann auch alles so machen, wie wir das möchten. Ich, Gott, habe die Ärzte beauftragt und ein Gesetz erlassen." Aber so ist es ja nicht, sondern Gott, der Allmächtige, hat uns einen freien Willen gegeben. Er hat entschieden, dass wir frei sind und selbst entscheiden dürfen, ob wir uns dieser Operation unterziehen.

STEINERNES HERZ ODER FLEISCHERNES HERZ?

Was ist nun mit den Menschen, die sich nicht „operieren" lassen wollen? Laufen Menschen mit steinernen und Menschen mit fleischernen Herzen durch die Welt? Ich denke ja. Ein sehr schmerzhafter Gedanke.
Jesus sagt in Markus 7, 21-23:

DENN VON INNEN, AUS DEM HERZEN DER MENSCHEN, KOMMEN HERAUS BÖSE GEDANKEN …
ALLE DIESE BÖSEN DINGE KOMMEN VON INNEN HERAUS UND MACHEN DEN MENSCHEN UNREIN.

Aber Gott will das anders. Dieses steinerne Herz, das den Willen Gottes nicht erkennen kann und will, ist austauschbar.

WAS UNTERSCHEIDET DAS STEINERNE HERZ VOM FLEISCHERNEN HERZ?

Es gibt Menschen, die vertrauen nur auf ihre eigene Kraft, und dann gibt es Menschen, die vertrauen auf Gott. Es gibt Menschen, die denken zuerst an ihre eigenen Bedürfnisse, und es gibt Menschen, die denken zuerst an die Bedürfnisse anderer und daran, wie Jesus in dieser Situation wohl handeln würde. Es gibt Menschen, die sehr an ihrem Besitz hängen und glauben, es gehört alles ihnen, und es gibt Menschen, die glauben, sie sind nur Verwalter und es gehört sowieso alles Gott. Ein himmelweiter Unterschied! Auch beim Planen der Zeit ist es interessant zu sehen, wie Menschen denken. Einige denken, sie müssen alles sofort tun, während andere erst einmal Gott fragen und nach dem Vers „Befiehl dem Herrn deine Wege" leben. Die Herzenshaltung von nehmen und geizig sein steht der Herzenshaltung von selbstlos geben und großzügig sein diametral gegenüber.

Gerade kam mein Bürotechnikspezialist und hat meinen Computerdrucker zum Reparieren mitgenommen. Er hat mir den Unterschied zwischen gutem und nicht so gutem Papier erklärt. Außerdem habe ich erfahren, dass es darauf ankommt, wie man ein Papier in den Drucker einlegt. Es gibt eine Seite, die glattere, das ist die zu bedruckende, und eine, das ist die rauere, die nicht so gut zu bedrucken ist. Um ein Herz zu haben, auf dem Gott seine Anweisungen schreiben kann, das also gewissermaßen bedruckbar ist, müssen wir die richtige Papiersorte richtig herum in den Drucker einlegen, d. h. wir brauchen ein Herz aus Fleisch, das offen ist für das Reden Gottes. Wenn man das Papier unsachgemäß eingelegt hat, merkt man die Auswirkungen nicht sofort, aber spätestens nach einigen tausend Kopien gibt es einen Papierstau und über kurz oder lang muss der Drucker repariert werden. So ist das auch bei unseren Herzen: Wenn wir uns nicht von Gottes Willen, sondern unseren eigenen Wünschen und Sehnsüchten leiten lassen, kann uns das auf lange Sicht zum Verhängnis werden. Deshalb muss unser Herz von einem steinernen zu einem fleischernen werden. Auf diesen fleischernen Herzen schreiben tut Gott übrigens mittels des Heiligen Geistes, der in unserem Inneren LIEGT, wie es in einer Übersetzung heißt. Aber auch den müssen wir WOLLEN. Immer wieder. Der Heilige Geist wird manchmal mit einem Gentleman verglichen, der taktvoll am Rand steht und sich, wenn wir es möchten, einmischt, sich ansonsten aber auch diskret zurückzieht und uns unserem Schicksal überlässt. Ich wer-

de nie verstehen, warum es so viele Menschen gibt, die nicht von dieser göttlichen Hilfe Gebrauch machen wollen. Es bedarf doch nur dieser einen entscheidenden Entscheidung! Man muss sie einmal treffen und dann immer wieder. Will ich das Geschenk annehmen oder will ich nicht? Und dann kommt noch hinzu: Will ich es nutzen oder nicht? Steht es einfach nur im Garten herum, wie mein Stufenbarren es dann in späteren Jahren tat, und verliere ich so meine Übung, oder trainiere ich weiterhin gerne an dem Stufenbarren – oder weniger bildlich gesprochen am Wort Gottes? Lese ich in der Bibel und gebe dem Geist Gottes Raum in meinem Leben? „Übe" ich mich am Wort Gottes?

Durch die Unterscheidung zwischen einem Herzen aus Stein und einem Herzen aus Fleisch machen die Verse aus Hesekiel 36 deutlich, dass das neue Herz eben nicht nur neu, sondern auch ganz anders ist. Das bestätigt sich im eigenen Leben, wenn man Gottes Geschenk annimmt und auspackt. Auf einmal ist da eine ganz neue Dynamik. Man will Gott einfach gehorchen und ihn immer besser kennenlernen. Dieses neue Herz zu bekommen ist wie gewaschen zu sein. Nach und nach entwickelt sich immer mehr die Sehnsucht nach Heiligkeit, danach, dem Bösen eine bewusste Absage zu erteilen und nach dem zu streben, was gut und richtig und gottgewollt ist. Es ist ein Weg.

Nun fragen Sie sich vielleicht, ob man den Unterschied zwischen Menschen, die ein steinernes Herz haben, und jenen, die ein fleischernes Herz haben, direkt sieht. Das ist eine schwierige Angelegenheit. Immerhin gibt es sehr viele von sich aus gute Menschen, die nichts mit Gott zu tun haben wollen. Wo ist denn da der Unterschied? Und es gibt viele Christen, bei denen man sich an den Kopf fasst und denkt: Waaaaaas, der ist Christ, ist ja nicht zu fassen! Der Unterschied liegt in dem Prozess, der durch die Entscheidung angestoßen wird, Gott zur Nummer eins im eigenen Leben zu machen und den Heiligen Geist wirken zu lassen.

MIT GOTT UNTERWEGS ZU SEIN IST EIN LEBENSSTIL UND VIELES IST VIELLEICHT NICHT AUF ANHIEB BEMERKBAR, ABER DOCH MIT DER ZEIT.

Deshalb liebe ich auch Diakonissen oder alt gewordene Christen so sehr – ich denke da zum Beispiel an die Eltern unseres Pastors Matthias Schmöcker oder auch an meinen Vater. Diese Menschen, die bereits lange mit Gott gelebt haben, umgibt einfach der Friede und die Weisheit und vor allem die Liebe und Güte Gottes. Der Gegensatz dazu ist ein verbitterter, verhärmter alter Mensch – wovon es auch viele gibt.

„Wenn ein Herz aus Fleisch ist, ist es noch verwundbar. Ein verwundbares Herz tut weh und das wollen wir möglichst vermeiden, das ist ganz normal. Nur, wenn ein Herz nicht mehr verwundbar wäre, wäre es hart und wohl ziemlich abgekühlt. Ein Herz aus Fleisch ist noch bewegbar. Mitleid und Bewegung fordern uns, strengen uns an und machen nicht nur eitel Freude und Sonnenschein. Aber empfände unser Herz kein Mitleid, keine Empathie mehr und ließe sich nicht mehr bewegen, wäre es verhärtet, nicht mehr zugänglich für andere und vermutlich auch nicht mehr für uns selbst.

Ein Herz aus Fleisch ist warm und weit. Ein Herz aus Fleisch wird sogar immer wieder aus dem Takt geraten, höher bzw. schneller schlagen, und dann wieder zurückkehren zu seinem nötigen Gleichmaß, das für die Aufrechterhaltung unserer Vitalität von hoher Bedeutung ist. Der Heilige Geist ist der Schrittmacher unseres neuen Herzens. Ein Herzschrittmacher muss verkabelt sein mit einer Batterie. Um im Bild zu bleiben, kann man sagen, diese Batterie ist Gott. Er verbindet sich mit dem Schrittmacher und erst so werden die beiden wirklich zu unserem Antrieb, unserem Anleiter und Lebensrat." ELISABETH EBERLE

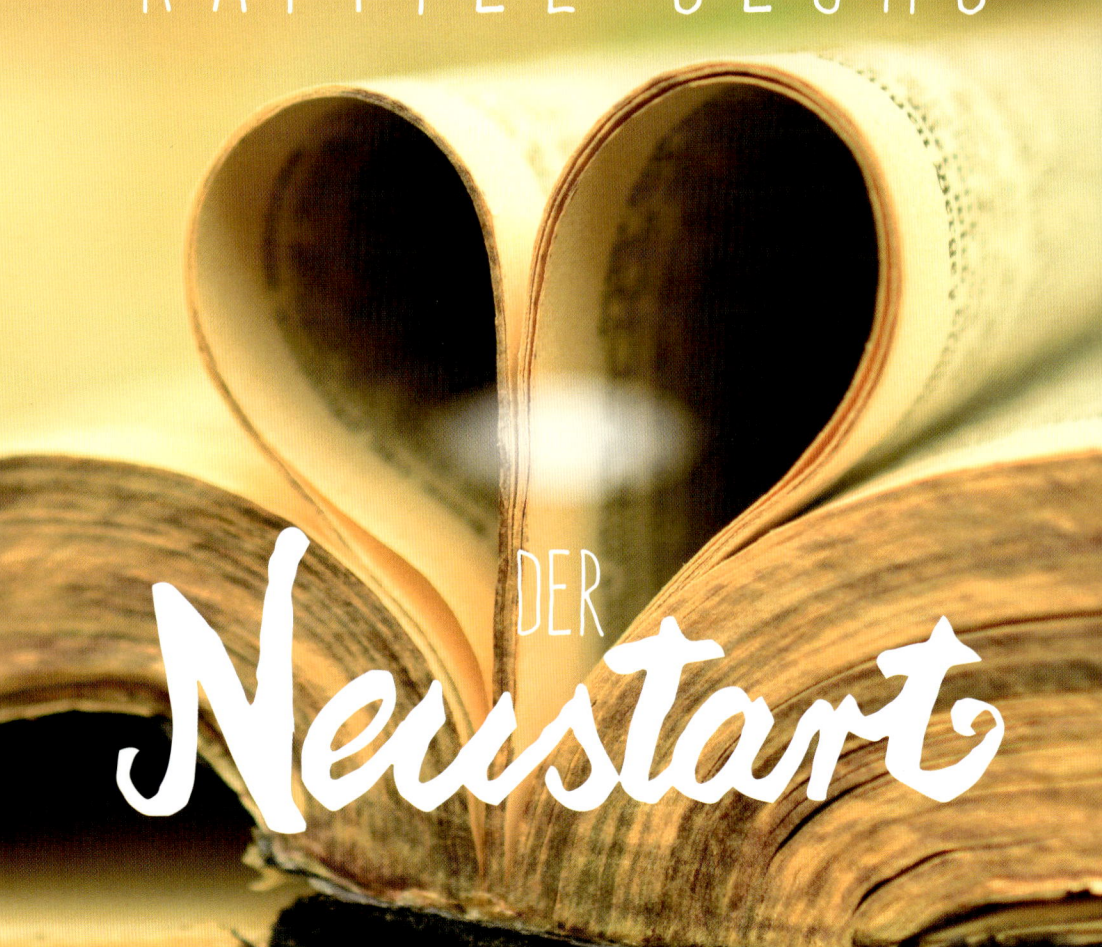

KAPITEL SECHS

DER Neustart

Als ich vor vielen Jahren in Tübingen in der Studentengemeinde die Entscheidung getroffen habe, Gottes Geschenk anzunehmen, und gebetet habe: „Jesus, komm in mein Leben", veränderte sich erst einmal nicht viel. Aber ich fühlte mich irgendwie befreit und in mir entstanden eine Sehnsucht und ein Drängen, Gott besser kennenzulernen und auch die Bibel zu durchforschen. Auf einmal wusste ich instinktiv, dass in diesem Buch alle Antworten auf meine Fragen zu finden waren. Und so ist das auch heute noch. Ich bin im Lauf der Jahre zwar in meinem Glauben gereift, aber am Ziel werde ich wohl nie sein. Es gibt immer noch so viel Neues zu entdecken! In einem englischen Sprichwort heißt es: „God isn't interested in the plan but in the man" – Gott ist nicht an den Plänen und Lebenswerken eines Menschen interessiert, sondern an dem Menschen selbst. Das tröstet mich oft, wenn meine Küche zum Beispiel noch nicht aufgeräumt ist, weil ich stattdessen in der Bibel gelesen habe. Die unaufgeräumte Küche ist Gott bestimmt total egal. Er sehnt sich nach nichts mehr, als dass wir mit ihm reden. Er nimmt alles! Er freut sich über jeden Moment, den wir mit ihm in Kontakt treten, und er freut sich über jede Form, wie wir mit ihm in Kontakt treten: Sei es durch ein Lied, sei es durch Bibellesen, sei es durch Stille oder sogar einmal laut mit ihm sprechen, sei es durch Gebet oder gar Fasten. Gott freut sich wie ein Vater, wenn wir ihm ein ungeschicktes kleines Bild malen, wie wir es als Kinder getan haben, und er heftet es garantiert an den Kühlschrank. Er weist uns mit nichts zurück. DAS ist es, woran er am meisten interessiert ist: an der Gemeinschaft mit uns!

GOTT GENIESST UNSERE GEGENWART!

Durch das Zusammensein mit Gott entsteht Veränderung. Mir geht es so, dass mein Gewissen irgendwie mehr aktiviert ist, ich mehr für andere Menschen bete und bitte oder zum Beispiel Korrekturen in meinem Leben vornehme. Korrekturen, die immer wieder gut für mich sind – auch wenn es manchmal der unbequemere Weg ist. In dem Moment, wo wir das, was Gott sagt und was wir aus seinem Wort herauslesen, tatsächlich tun, werden wir zu Glaubenshelden.

So war diese Entscheidung damals in Tübingen ein kompletter Neustart, ohne dass es mir so glasklar bewusst war. Viele gute Vorsätze wie „Ich will immer liebevoll sein" etc. wurden gefasst, aber immer wieder stolperte ich natürlich auch. Ich musste lernen, dass das Leben mit Jesus ein Lebensstil ist und eine Entwicklung. Aber die Kraft, Dinge zu ändern, war in mich hineingepflanzt durch den Heiligen Geist. Das merkte ich mehr und mehr.

GOTT BEWIRKT IN EUCH DEN WUNSCH, IHM ZU GEHORCHEN, UND ER GIBT EUCH AUCH DIE KRAFT ZU TUN, WAS IHM FREUDE MACHT.

PHILIPPER 2,13

LASSEN SIE DAS ALTE LEBEN HINTER SICH!

„Ich gieße reines Wasser über euch aus, dann werdet ihr rein. Ich reinige euch von aller Unreinheit und von allen euren Götzen" (Hesekiel 36,25). Dieser Vers, der dem über das steinerne und das fleischerne Herz vorausgeht, stellt ganz klar heraus: GOTT macht uns rein! Unsere Unreinheit wäscht ER von uns ab. ER macht einen Neuanfang mit uns. An anderen Stellen heißt es in der Bibel: „Ich vergebe ihnen ihre Schuld und denke nicht mehr an ihre Sünden" (Jeremia 31,34) und „So fern, wie der Osten vom Westen liegt, so weit wirft Gott unsere Schuld von uns fort!" (Psalm 103,12). Ist das nicht eine wundervolle Vorstellung? In dem Moment, in dem wir Jesus als unseren Herrn annehmen und ihn um Vergebung für unsere Sünden bitten, können wir sicher sein, dass uns unsere Schuld nicht angerechnet wird, dass wir rein, dass wir gerettet sind. In Johannes 3,16 heißt es „Denn Gott hat die Welt so sehr geliebt, dass er seinen einzigen Sohn hingab, damit jeder, der an ihn glaubt, nicht zugrunde geht, sondern das ewige Leben hat" und in Johannes 5,24 sagt Jesus ganz klar:

WER MEINE BOTSCHAFT HÖRT UND AN DEN GLAUBT, DER MICH GESANDT HAT, DER WIRD EWIG LEBEN. IHN WIRD DAS URTEIL GOTTES NICHT TREFFEN, DENN ER HAT DIE GRENZE VOM TOD ZUM LEBEN SCHON ÜBER-SCHRITTEN.

Nehmen wir Gottes Geschenk an, können wir uns unserer Rettung gewiss sein. Die Vorstellung, eines Tages vor unserem Schöpfer zu stehen, muss uns keine Angst machen, denn wir können uns sicher sein, dass er uns unsere Sünden nicht anrechnet. Nina Hagen wurde einmal in einem Interview auf eine ihrer wilden Partys

angesprochen und sie lachte nur mit dem Kommentar: „Ach, das war mein altes Leben." Nina hat ja vor einiger Zeit zum Glauben gefunden und sich taufen lassen.

Trotzdem fordert die Bibel uns dazu auf, Gott unsere Schuld zu bekennen.

WENN WIR UNSERE SÜNDEN BEKENNEN, IST ER TREU UND GERECHT, ER VERGIBT UNS DIE SÜNDEN UND REINIGT UNS VON ALLEM UNRECHT.

1. JOHANNES 1,9

Für viele ist das ein Thema, an das sie nicht heranwollen, dabei ist das etwas so Befreiendes.
Ich persönlich habe die Erfahrung gemacht, dass es guttut, Gott nicht nur pauschal um Vergebung für alles zu bitten, was in meinem Leben bisher falsch gelaufen ist, sondern konkreter zu werden. Vor vielen Jahren habe ich einmal versucht, mit Gott klar Schiff zu machen, und einen ewig langen Fragenkatalog beantwortet, sozusagen einmal aufgeräumt. Das war harte Arbeit an mir selbst, aber es tat unendlich gut, einmal versucht zu haben, mir über all die Sünden, die ich so begangen habe (schlecht über andere reden, lügen, übertreiben, Vergötterung von Menschen, Unvergebenheit anderen Menschen gegenüber und vieles mehr) klar zu werden und zu bekennen, dass das nicht gut war. Das machte es mir leichter, nach vorne zu gehen. Das heißt nicht, dass ich nun ein total perfekter Mensch bin, das sei ferne. Ich bin um nichts besser, aber ich bin besser dran. Meine Schwachpunkte sind mir nun bewusst und ich kann mithilfe des Heiligen Geistes gezielt gegensteuern. Gedanken über einen anderen Menschen wie „So ein blöder Kerl" oder „So eine doofe Ziege" möchte ich erst gar keinen Raum geben. Nein, das ist mein Bruder oder meine Schwester!

KAPITEL SIEBEN

Gottes
GEIST WIRKT IN UNS

Möchten Sie wissen, welche Auswirkungen es hat, wenn Gott seinen Geist in uns legt? Dann lesen Sie doch einmal das fünfte Kapitel im Galaterbrief. Dort heißt es:

DIE FRUCHT ABER DES GEISTES IST LIEBE, FREUDE, FRIEDE, GEDULD, FREUNDLICHKEIT, GÜTE, TREUE, SANFTMUT, KEUSCHHEIT.

GALATER 5,22+23

Das ist doch schön! Wer kann dagegen etwas haben? Wollen wir das nicht alle? Und die gute Nachricht aus Hesekiel 36,27 ist: Gott legt seinen Geist in uns und bewirkt all dies. ER bewirkt es. Genauso wenig wie ich selbst mein Herz von einem steinernen Herz in ein Herz aus Fleisch verwandeln kann, könnte ich all diese guten Eigenschaften aus eigener Kraft in mir hervorbringen. Aber Gottes Geist kann das! Mich begeistert immer wieder aufs Neue, wie wunderbar das Alte und das Neue Testament miteinander korrespondieren. In Titus 3,5 heißt es in der großartigen Übersetzung des Neuen Testaments von Pastor Manfred Roth: „da errettete er uns, nicht aus Werken, die wir in eigener Gerechtigkeit getan hätten, sondern nach seinem Erbarmen, durch ein Bad der Wiedergeburt und [die damit verbundene] völlige Erneuerung ‹durch den› Heiligen Geist, den er reichlich ausgegossen hat durch Jesus Christus unseren Erretter, damit wir gerechtfertigt durch seine Gnade, Erben würden, nach der Hoffnung des ewigen Lebens." Kommt Ihnen da nicht auch vieles bekannt vor? Wie in Hesekiel 36 wird auch hier deutlich, dass wir durch den Heiligen Geist völlig erneuert werden und Gott uns diesen Geist auf jeden Fall schenkt, wenn wir Jesus in unser Leben einladen.

Aus eigener Kraft ist es unmöglich, das zu tun, was Gott von uns möchte. Wie schaffe ich es, an einem grauen Novembermontagmorgen, wenn alle um mich herum noch taub vom Wochenende sind und am liebsten die nächste Folge ihrer Lieblingssendung weitergucken oder einfach schlafen würden, weiter fröhlich zu sein und tatkräftig zu sagen: „Das wird ein guter Tag!"? Wie kann ich den Mund halten, wenn mal wieder in einer großen Gruppe über den einen oder anderen hergezogen wird? Wie schaffe ich es, mich nicht zu beteiligen, auch wenn ich vielleicht nur zu gerne meinen Senf dazugeben und mitklatschen würde? Denn genau das sind doch die Dinge, die Gott von mir möchte und die eine direkte Auswirkung auf mein persönliches Leben haben.

Wir brauchen den Heiligen Geist. Das ist die Kraft, die in unserem Leben wirkt und die wir anzapfen dürfen.

DER HEILIGE GEIST IST UNSER BEISTAND, UNSER FÜRBITTER UND FÜRSPRECHER, UNSER RATGEBER UND ANWALT UND UNSER HELFER UND DERJENIGE, DER UNS INSTRUKTIONEN GIBT.

Er führt uns zu Umkehr und Buße und ist in dem Moment in unser Herz ausgegossen und am Wirken, wo wir sagen: „Jesus, komm in mein Leben, ich will nichts aus eigener Kraft machen, sondern nur mit deiner Hilfe."

Um mir die Gegenwart des Heiligen Geistes bewusst zu machen, stelle ich mir manchmal vor, eine unsichtbare Person namens Jesus Christus sitzt neben mir im Auto und ist da und ich kann mit ihm ein Gespräch beginnen oder auch nicht. Ich bin zutiefst davon überzeugt, dass der Heilige Geist permanent in uns am Wirken ist. Ich denke vielleicht, dass ich clever bin und mal wieder eine super gute Idee hatte, wie ich etwas organisieren oder verbessern kann in meinem Betrieb, aber es ist der Heilige Geist, der mir das zeigt. Da bin ich mir sicher. Ich denke vielleicht, es ist Zufall, wenn mir etwas gelingt, aber es ist die Hilfe des Heiligen Geistes, der in mein Herz ausgegossen wurde. Ohne Zweifel. Der Geist Gottes ist so dicht bei uns. Ein Flüstern von uns und er ist da.

„Der Herr ist nahe allen, die ihn anrufen", heißt es in Psalm 145,18. Meine Nöte gewinnen eine andere Perspektive, wenn ich mir das bewusst mache, und ich gelange von Hoffnungslosigkeit zu Hoffnung. Gott ist ja da.

OFFEN FÜR DEN HEILIGEN GEIST

Frucht kommt aus alldem heraus, wenn mein Herzensboden, wie es in Markus 4 beschrieben ist, wohl bereitet, wenn er gut ist. Wer von Ihnen kennt sich mit Gartenarbeit aus? Der Boden muss regelmäßig bearbeitet werden. Er muss umgegraben werden, Unkraut muss vernichtet werden, es muss gegossen werden. Ich finde, das verdeutlicht schön anschaulich im Natürlichen, dass auch unser Herzensboden bearbeitet werden muss, sonst kann nichts gedeihen. Insbesondere das Unkraut und die Schnecken müssen raus ... da muss man manchmal durchgreifende Maßnahmen anwenden. Mein Gebet darf sein: „Herr, kümmere dich um mein Herz – verändere es."

Man wacht ja auch nicht auf und ist verheiratet, sondern man muss etwas dazu tun – man muss sich auf den anderen einlassen und Ja zu ihm sagen. Genauso ist das mit dem Herzen, das dem Geist Gottes immer mehr Raum zugestehen will. Dann sagt man irgendwann instinktiv Nein zu Gefühlsausbrüchen und Abneigungen, so etwas wird einem regelrecht zuwider. Wir sind dazu geschaffen, Beziehungen zu haben: zuerst zu Gott, dann zu anderen und nicht zu vergessen zu uns selbst. Komme ich mit mir selbst nicht klar, ist es schwierig, mit anderen klarzukommen. Eine Freundin von mir sagte, als ich sie fragte, wie sie das mit Gott mache, sie bete immer. Das merkt man ihr auch an. Nie ist sie nicht fröhlich oder ausgeglichen, nie ist sie nicht zu Vergebung bereit, immer hat sie ein ermutigendes Wort auf den Lippen oder einen kleinen Scherz. Immer ist sie interessiert und freut sich, einen zu sehen. Man ist einfach gerne mit ihr zusammen. So ist das mit Menschen, die mit Gott zusammenarbeiten.

WELCHES UNKRAUT WÄCHST DENN SO IN IHREM HERZEN?

Wollte ich wirklich wissen, wie ich bin, müsste ich mir selbst nur einmal 24 Stunden zuhören. Ich wäre entsetzt.

Gott schenkt uns ein neues Herz und einen neuen Geist, aber leider sind unsere bisherigen Gewohnheiten damit nicht auf einen Schlag ausgelöscht. Unsere alte Natur kommt immer wieder zum Vorschein. Es besteht ein ständiger Streit zwischen unserer „alten sündigen Natur", wie es in der Bibel heißt, und dem Heiligen Geist. Es ist ein Prozess und erfordert Training, den Heiligen Geist in unserem Alltag immer mehr zum Zug kommen zu lassen.

„Die alte sündige Natur liebt es, Böses zu tun – genau das Gegenteil von dem, was der Heilige Geist will. Der Geist weckt in uns Wünsche, die den Neigungen unserer sündigen Natur widersprechen. Diese beiden Kräfte liegen in ständigem Streit miteinander, sodass ihr nicht das tun könnt, was ihr wollt" (Galater 5,17).

Je mehr Raum wir dem Geist Gottes in uns geben, desto mehr wird unser Denken und Handeln verändert. Der Heilige Geist hilft uns, unsere alte Natur hinter uns zu lassen und schlechten Angewohnheiten, die dem Willen Gottes widerstreben, Auf Wiedersehen zu sagen.

In Galater 5 werden etliche Verhaltensweisen genannt, die typisch dafür sind, dass wir uns nicht vom Geist Gottes, sondern von unseren eigenen Sehnsüchten leiten lassen. Schauen Sie sich diese Auflistung doch einmal an: Ehebruch, unreine Gedanken, Vergnügungssucht, Götzendienst, okkulte Praktiken, Feindschaften, Streit, Eifersucht, Zorn, selbstsüchtiger Ehrgeiz, selbstgerechte Abgrenzung gegenüber anderen Gruppen, Neid,

HERR, KÜMMERE DICH UM MEIN HERZ
– VERÄNDERE ES.

Trunkenheit, ausschweifender Lebenswandel und dergleichen mehr. Dem gegenüber stehen die Früchte, die der Geist Gottes in uns wachsen lässt: selbstlose Liebe, Freude, Friede, Geduld, Freundlichkeit, Güte, Treue, Sanftmut und Selbstbeherrschung.

Wir sollen unser eigenes Verhalten regelmäßig hinterfragen. Diese Listen durchzugehen ist zwar teilweise hart, aber es hilft. An was kann ich noch arbeiten und was betrifft mich nicht? Festzustellen, wo ich gerade stehe, ist außerdem eine kleine Richtschnur dafür, wie viel Raum ich dem Heiligen Geist in meinem Leben gebe.

WIE GEBE ICH DEM HEILIGEN GEIST MEHR RAUM IN MEINEM LEBEN?

Ich persönlich versuche zum Beispiel, nichts und niemandem zu erlauben, mich aus meinem Frieden herauszubringen, seien es Sorgen oder der Trubel des Tages. Sobald mir Unfrieden oder Hektik oder Durcheinander während des Tuns bewusst wird, versuche ich, den Namen Jesus zu denken oder auch auszusprechen. Oft schon habe ich erlebt, wie sich die Situation schlagartig änderte. Allein die Gewissheit seiner Gegenwart in diesem speziellen Moment hilft mir sehr.

Der wichtigste Faktor, um diesen Frieden zu behalten und den Geist Gottes in meinem Leben wirken zu lassen, ist jedoch der Faktor ZEIT.

WOMIT ICH MEINE ZEIT VERBRINGE, DA IST MEIN SCHATZ VERBORGEN.

Es gibt eine zentrale Quelle, die ich anzapfen kann, und das ist die Gemeinschaft mit Gott! Versiegt diese Quelle, ist nicht nur in der Gesellschaft der Verfall zu beobachten, sondern auch in meinem eigenen Leben. Ich möchte jedenfalls an den Punkt kommen, wo ich nichts ohne die Kraft aus der Höhe tue. Fische brauchen Wasser, Bäume brauchen Wurzeln und Menschen und Tiere brauchen Gemeinschaft, und zwar zuallererst Gemeinschaft mit Gott. Wir Menschen sind so angelegt, dass wir etwas anbeten wollen: uns selbst, unseren Partner, irgendwelche Dinge wie Luxuseigentum oder eine Bilderbuchkarriere, andere Menschen ... Der Wunsch von Gott aber ist es, dass wir IHN anbeten, was nichts anderes bedeutet, als eine Beziehung zu ihm zu haben und ihn immer besser kennenzulernen.

GOTT WILL VON MIR GELIEBT WERDEN UND ZEIT MIT MIR VERBRINGEN – DAS IST DER EIGENTLICHE SINN MEINES LEBENS.

Nur weil mein Nachbar vielleicht ein größeres Auto fährt, hat er übrigens keine bessere Beziehung zu Gott – das Äußere zählt für Gott nicht. Seine Segnungen sehen anders aus. Lernen wir und versuchen wir, Gott in jeder Situation unseres Lebens zu vertrauen.

Es wird Zeit, dass wir anfangen, uns am Herrn zu freuen. Mit dem Nachdenken über das Wort Gottes schaffe ich meine Zukunft. Wir bieten Gott lieber Leistungen an, wie ein Kirchengebäude zu renovieren, den Kaffee zu kochen, den Gottesdienstraum zu putzen oder Ähnliches, aber er ist viel mehr an unseren Herzen interessiert. In diesem Kampf leben wir ständig. Natürlich sind unsere Werke auch wichtig, aber wichtiger ist es, mit Gott in Kontakt zu treten. Wir müssen uns dieses Kampfes bewusst sein und dann die Gespräche mit Gott ganz bewusst genießen. Auch das ist ein Prozess, ein Weg, den wir gehen, ein Lebensweg. Es gilt nach dem Hinfallen aufzustehen und weiterzumachen, wie bei den Übungen am Stufenbarren. Dabei muss sich kein Frust entwickeln. Gott geht seinen ganz persönlichen Weg mit mir und deshalb muss ich mich auch nicht mit den 5000 anderen, viel besseren Gräfinnen vergleichen, die es sonst noch so gibt. Jeder von uns ist einzigartig geschaffen!

KAPITEL ACHT

JETZT SIND *Sie* DRAN

DER HIMMEL STEHT STILL, WENN JEMAND GEWÄHLT HAT, MIT GOTT GEMEINSCHAFT ZU HABEN. GOTT NIMMT ALLES, DEN KLEINEN GEKRITZELTEN ZETTEL EINES KINDES, EIN STOSSGEBET, 5 MINUTEN BIBELLESEN, EIN LIED, EINEN MOMENT STILLE!

MATTHIAS SCHMÖCKER

Nun habe ich Sie so sehr „zugepredigt", habe Ihnen alles mit auf den Weg gegeben, was mir auf dem Herzen lag. Am Ende von vielen Büchern gibt es ein Gebet, das man nachsprechen kann. Ein solches Gebet möchte ich Ihnen an dieser Stelle auch anbieten und ich bete, dass Sie es nachsprechen, Jesus in Ihr Herz aufnehmen und dann mit ihm leben wollen. Es wird Sie verändern. Sie sind dann nicht mehr allein. Gottes Geist hält in

Ihrem Herzen Einzug. Stellen Sie sich einfach vor, Jesus sei wie eine unsichtbare Person immer an Ihrer Seite. Machen Sie sich bewusst, dass Gott immer da ist. Diese Gedanken werden Ihnen guttun. Ich freue mich über jeden, der mir schreibt, dass er dieses Gebet gebetet hat. Im Himmel feiern die Engel eine Party! Die Welt braucht empfindsamere Herzen!

HERR JESUS,

ICH BRAUCHE DICH UND WILL MIT DIR LEBEN.
BITTE VERGIB MIR, WO ICH SCHULDIG GEWORDEN BIN.

DANKE, DASS DU AM KREUZ
FÜR MEINE SÜNDEN GESTORBEN BIST.

ICH ÖFFNE DIR JETZT MEIN HERZ,
ÜBERGEBE DIR MEIN LEBEN UND NEHME DICH ALS MEINEN
HERRN UND ERLÖSER AN.

BITTE ÜBERNIMM DU DIE HERRSCHAFT IN MEINEM LEBEN
UND VERÄNDERE MICH SO, WIE DU MICH HABEN WILLST.

AMEN.

ÜBER DIE AUTORIN

Daisy Gräfin von Arnim ist gelernte Buchhändlerin. Nach der Wende zog sie mit ihrem Mann ins Boitzenburger Land, wo die Familie von Arnim jahrhundertelang beheimatet war. Dort betreibt die Unternehmerin das Apfel-Delikatessengeschäft »Haus Lichtenhain«.

Ich würde mich wirklich riesig freuen, wenn Sie mir schreiben,
dass Sie das Gebet auf Seite 58 gebetet haben.
Ihre Daisy von Arnim

Daisy Gräfin von Arnim · Lichtenhain 25 · 17268 Boitzenburger Land
E-Mail: daisy.arnim@haus-lichtenhain.de

DAISY VON ARNIM · KATHRIN SCHULTHEIS

Die Apfelgräfin

»Die Wende war auch eine Wende in meinem Leben. ›Jetzt ist alles möglich‹, schoss es mir durch den Kopf, als ich kurz nach dem Mauerfall erstmals ungehindert die innerdeutsche Grenze passierte. Dass dieses ›alles‹ aber beinhalten könnte, dass aus mir einmal ›Die Apfelgräfin der Uckermark‹ würde, hätte ich mir niemals träumen lassen.«

Humorvoll, offenherzig und liebevoll erzählt Daisy Gräfin von Arnim von ihrem Neuanfang in der Uckermark. 1995 zog sie mit ihrem Mann Michael nach Lichtenhain und baute sich dort ein neues Leben auf. Mittlerweile führt sie ein kleines Apfelunternehmen und beschäftigt mehrere Mitarbeiter. In amüsanten, aber auch nachdenklichen Anekdoten gewährt sie Einblicke in ihren Alltag und lässt lebendig werden, wie aus ihr »Die Apfelgräfin« wurde.

144 Seiten · gebunden · ISBN 978-3-86827-151-5

DAISY VON ARNIM

Himmlische Köstlichkeiten

Zu Gast bei der Apfelgräfin

Daisy Gräfin von Arnim lädt Sie herzlich ein, sie auf einem Spaziergang durch das bunte Land des Apfels zu begleiten. Dieser ist ein wahres Fest für Leib und Seele, Geist und Sinne. Kulinarische, geistliche, kulturgeschichtliche und historische Aspekte der Lieblingsfrucht der Deutschen wechseln sich ab mit vielen praktischen Ratschlägen zu Tischkultur, Dekoration und zwischenmenschlichen Verhaltensregeln.

Abgerundet wird dieser literarische Leckerbissen durch köstliche Rezepte aus der Delikatessenküche von Haus Lichtenhain und andere himmlische Köstlichkeiten.

144 Seiten · gebunden · ISBN 978-3-86827-196-6

DAISY VON ARNIM

Von Herzen, Ihre Daisy von Arnim

In diesem Buch öffnet uns Daisy Gräfin von Arnim eine Schatzkiste voller Gedanken, Einsichten und persönlicher Erfahrungen rund ums Thema Herz. In Bibeltexten, die die Gräfin auslegt, darf der Leser einen Blick in Gottes Herz werfen. Sie teilt mit uns ihre Lieblingsgedichte, stellt Geschichten »mit Herz« vor, führt uns zu verborgenen Kunstschätzen in der Uckermark und gibt Tipps für kreative liebevolle Rezepte. Darüber hinaus kommen bekannte Persönlichkeiten wie Marie-Louise Fürstin zu Castell-Castell und Elisabeth Mittelstädt zu Wort.

Ein überraschendes, vielseitiges Buch voller Herz.

96 Seiten · gebunden · ISBN 978-3-86827-343-4

DAISY VON ARNIM

Wunder in meinem Leben

Daisy von Arnim ist davon überzeugt: Gott ist im Alltag erlebbar! Schon oft durfte sie in ihrem Leben die Erfahrung machen, dass Gott da war.

In ihrem Buch erzählt sie von den großen und kleinen Wundern in ihrem Leben. Von Momenten der Bewahrung, der Fürsorge, der liebevollen Zuwendung. Von Alltagswundern, durch die Gott seit ihrer Kindheit immer wieder aufs Neue sein »Ich bin da« in ihr Leben hineingesprochen hat.

Damit möchte die Apfelgräfin ihre Leser ermutigen, die Augen zu öffnen für die Segensspuren, die Gott in ihrem eigenen Leben hinterlassen hat.

142 Seiten · gebunden · ISBN 978-3-86827-525-4